PRIX 0.50

...S D'ÉDUCATION ET D'INSTRUCTION

PREMIÈRE ANNÉE PRÉPARATOIRE

PETITES

LECTURES MORALES

PREMIÈRES NOTIONS

DE GRAMMAIRE

PAR

Mme MARIE PAPE-CARPANTIER

AVEC LA COLLABORATION

De M. et Mme CH. DELON

QUATORZIÈME ÉDITION

PARIS

LIBRAIRIE HACHETTE ET Cie

79, BOULEVARD SAINT-GERMAIN, 79

PETITES
LECTURES MORALES

PREMIÈRES NOTIONS

DE GRAMMAIRE

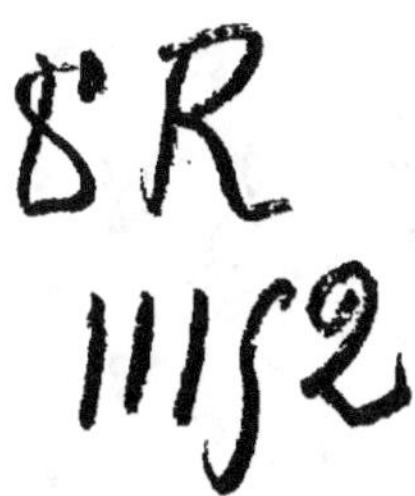

PETITES
LECTURES MORALES

PREMIÈRES NOTIONS
DE GRAMMAIRE

PAR

Mᵐᵉ MARIE PAPE-CARPANTIER

AVEC LA COLLABORATION

De M. et Mᵐᵉ CH. DELON

QUATORZIÈME ÉDITION

PARIS
LIBRAIRIE HACHETTE ET Cⁱᵉ
79, BOULEVARD SAINT-GERMAIN, 79

1892

AVERTISSEMENT

Ces *Petites lectures morales* font suite aux
exercices de la méthode de lecture, tant pour le
caractère typographique que pour la grada-
tion des difficultés. Nous indiquons en dé-
tail, dans le *Manuel de l'Instituteur*, la manière
dont il convient de les faire lire aux enfants;
nous ne reviendrons pas ici sur ce sujet.

Les *Premières notions de Grammaire* comp-
plètent ce petit volume. Il convient d'en faire
commencer la lecture dès que l'enfant peut
lire sans peine le texte des petites histoires,
et que, d'autre part, l'enseignement oral lui a
déjà fait connaître en substance ces premiers
éléments. L'étude en sera poursuivie dès lors
concurremment avec la suite des *Petites lec-*

tures, en alternant, afin d'introduire le plus de variété possible dans un exercice toujours un peu aride pour les enfants.

Nous ne saurions trop insister sur ce que nous avons déjà dit plusieurs fois : des exercices tels que ceux-ci doivent toujours être suivis d'un petit commentaire, à l'aide duquel les maîtres feront réfléchir l'élève, en lui adressant des questions multipliées. Mettre en jeu l'initiative de l'enfant, le faire penser par lui-même, doit être, nous ne cesserons de le répéter, la préoccupation constante des instituteurs.

PETITES
LECTURES MORALES

Histoire d'un agneau.

Il y avait une fois une belle brebis blanche, qui paissait dans une prairie avec son petit agneau.

Le petit agneau sautait, gambadait autour de sa mère; mais voilà qu'il lui prend envie de s'échapper du côté où il avait vu de grands arbres.

Quand la brebis s'aperçut qu'il

était parti, elle se mit à crier : *bèèè*, *bèèè*, pour le rappeler.

Le petit agneau entendit sa mère, mais il ne voulut pas revenir ; et il s'en alla encore plus loin.

Mais voilà que tout à coup un voleur sortit du bois, il prit le petit agneau, et l'emporta.

Et la pauvre brebis l'appelait toujours : *bèèè*, *bèèè;* mais le pauvre agneau ne pouvait plus l'entendre !

Si le petit agneau avait été intelligent, il n'aurait point quitté sa mère ; ou bien il serait revenu près d'elle à son premier appel, et le voleur ne l'aurait pas emporté on ne sait où !...

La bonbonnière[1].

« Oh, la belle bonbonnière! disait Gaston à sa sœur Lucie.

— C'est celle de grand'mère : elle l'a laissée sur la table.

— Veux-tu voir ce qu'il y a dedans?

— Oui, montre, dit la petite fille.

— Ce sont de jolies petites dragées toutes rondes.... si nous y goûtions?...

— Oh non, grand'mère gronderait peut-être....

— Rien qu'une!... »

Le petit Gaston goûte : il trouve cela bien amer.

1. D'après Du Tremblay.

« Elles ne sont pas très bonnes les dragées de grand'mère, » dit-il.

Si vous saviez, mes enfants, comme le petit Gaston fut attrapé! Savez-vous pourquoi? C'est que ces dragées-là.... c'étaient des pilules!

———

Par où commence un avare.

— Nous jouerions bien au volant, disaient de bons petits amis, si Paul voulait nous prêter ses raquettes.

— Sans doute il ne le voudra pas : hier encore il nous a refusé sa corde à sauter.

— Il ne veut rien prêter, dit Gustave; jeudi il me montrait un joli cheval mécanique qu'il a eu pour ses étrennes; je lui demandai la permission de monter dessus, seulement une minute; il a bien vite caché son cheval.

— Il prétend qu'on lui use ses jouets, ajouta Léon. A quoi donc lui servent-ils? Est-ce qu'on s'amuse quand on joue tout seul? Je n'aime pas ce caractère-là.

— Ni moi non plus, répondirent en chœur les enfants.

Je suis comme vous, mes petits amis; je n'aime pas les enfants qui gardent tout pour eux. Si ces enfants ont le malheur de grandir sans se corriger de ce vilain défaut, savez-vous ce qu'ils deviendront? des *avares !*

———

Le petit imprudent.

Il était une fois une petite fille qui s'appelait Marie, et un petit garçon qui se nommait Henri.

Ils demeuraient dans une jolie campagne. Auprès de leur maison il y avait un ruisseau; et pour passer le ruisseau un léger pont, fait d'une planche jetée en travers.

La mère des deux enfants leur avait dit : « Amusez-vous dans le jardin et dans la cour, mais n'allez pas sur le pont, ni au bord du ruisseau de peur de tomber dedans. »

Un jour, malgré cette défense, Henri voulut aller jouer sur le pont; sa sœur lui dit : « Ne va pas là,

Henri, puisque notre mère nous l'a défendu. »

Henri n'écouta pas : il alla sur la planche. Il était tout fier et il disait : « Viens donc voir, Marie, comme c'est joli d'être là, et comme on se mire bien dans l'eau ! »

Mais voilà qu'en se penchant pour se voir mieux, il tombe la tête la première !

Sa sœur Marie se met à pousser des cris en appelant au secours. Heureusement un homme passait, il accourut, retira de l'eau le petit imprudent, et le reporta tout mouillé à sa mère.

Si pourtant il ne se fut trouvé personne, Henri se serait noyé. Quel chagrin eût été celui de sa sœur Marie et de sa mère !

Quand votre mère ou votre maître vous défend une chose, mes chers enfants, il faut penser que c'est de peur qu'il ne vous arrive quelque mal, et vous garder de faire ce qui vous a été défendu.

Comment finit la bataille.

— Ce cheval est à moi! disait Paul.

— Non, il est à moi! s'écriait Auguste.

— Le lâcheras-tu?

— Vas-tu le laisser?

Et tous deux, les cheveux épars, la figure toute rouge de colère, tenaient le cheval de carton, l'un par les pieds, l'autre par la tête.

Et ils tiraient de toute leur force, chacun de son côté.

Tout à coup.... crac! l'animal de carton se brise, et les deux petits querelleurs tombent à la renverse sur le sol. — Le choc fut rude!

Ils se firent beaucoup de mal, et le cheval détruit ne fut à personne.

Le jeune pédant.

Marcel est un bon enfant; mais il parle trop. Il est aussi trop content de lui-même.

Depuis qu'il sait lire, et qu'il commence à apprendre quelque chose, il faut qu'il le fasse voir à tout le monde, et souvent il interrompt la conversation de sa mère pour dire : « Moi je sais cela. »

Pourtant, mes petits amis, il n'en sait pas plus que vous, et vous n'êtes pas bien savants ; ne faites pas comme lui, car ce qu'il fait est complétement ridicule.

––––––

Le berger menteur.

Il était une fois un petit berger, appelé Michel, qui gardait ses moutons dans une prairie, auprès d'une grande forêt où il y avait des loups.

Michel n'était ni méchant ni paresseux. Il soignait bien et aimait beaucoup ses brebis et ses agneaux.

Mais il avait un grand défaut, le jeune berger : il mentait sous prétexte de s'amuser. Il inventait toute sorte de contes, et quand il était parvenu à tromper les autres, il riait à leurs dépens.

Un jour qu'il s'ennuyait tout seul, il se mit à crier de toute sa force : Au loup ! au loup ! Les autres bergers, qui n'étaient pas très loin, accoururent à toutes jambes, avec leurs chiens, pour lui porter secours.

Mais il n'y avait pas de loup ; et le menteur se mit à se moquer de ses compagnons, qui avaient été si empressés de venir à son aide.

Il riait et dansait en disant : « Eh ! les amis, c'est moi qui suis le loup ! » Il était tout joyeux de les avoir si bien attrapés, et de les voir s'en retourner pleins de dépit.

Savez-vous, mes chers enfants, que c'est mal de tromper, même pour rire, et dangereux de faire perdre confiance en soi ?

Il en eut bientôt la preuve : un jour un loup sortit réellement de la forêt, et se jeta sur une des plus belles brebis du troupeau.

Le berger accourut bravement avec son chien pour défendre sa brebis : le chien mordait le loup, et le berger lui donnait des coups de bâton pour lui faire lâcher prise.

En même temps il criait : Au loup ! au loup ! d'une voix lamentable.

Les autres bergers l'entendirent, mais ils se dirent en eux-mêmes : « Voilà Michel qui veut encore se moquer de nous. Il n'y a pas de loup, il ne faut pas y aller. » Et ils restèrent à garder leurs moutons.

De sorte que personne ne vint porter secours au menteur; le loup étrangla le chien, puis il emporta la brebis au fond de la forêt.

Le berger eut un chagrin affreux, et depuis ce temps il ne mentit plus jamais, parce qu'il vit « qu'on ne croit pas un menteur, même quand il dit la vérité. »

La propreté.

Je connais un petit garçon gentil, studieux; et je l'aime beaucoup. Pourtant le pauvre enfant a un dé-

faut horrible, un défaut si répu-
gnant qu'il m'empêche de l'embras-
ser : il est malpropre.

Il a toujours les mains noires;
il tache ses vêtements; il déchire
ses cahiers et ses livres; sa figure,
son cou et ses oreilles sont très souvent sales, ses cheveux sont en désordre, cela le rend laid!...

Je crois pourtant qu'il se corrigera,
car il s'est aperçu que sa malpro-
preté fait de la peine à sa mère.

Histoire d'un petit gourmand.

Lequel de vous n'aime pas les
brioches et les dragées? Aucun,
n'est-ce pas; tous vous aimez les

dragées, et vous n'avez pas tort, mes enfants, parce qu'elles sont bonnes.

J'avais un petit neveu qui les aimait beaucoup. Je suis sûre même que vous allez penser tout de suite qu'il les aimait trop.

Sa mère lui avait donné une jolie bourse pour serrer les sous qu'elle lui donnait aussi; mais dans cette bourse il n'y avait jamais rien. Jacques dépensait tout chez le confiseur ou le pâtissier. Et encore il trouvait n'en avoir jamais assez.

Il avait toujours peur d'être obligé de partager ses gâteaux avec ses petits amis, aussi les mangeait-il en cachette; c'était bien laid.

Un jour qu'il était à la promenade avec d'autres enfants, il rencontra un de ces petits joueurs de violon comme vous en avez vu bien des fois sans doute. Le pauvre petit pleurait parce qu'il avait faim, et que n'ayant rien à rapporter à son maître, il avait peur d'être battu.

Si vous voulez, dit un des amis de Jacques, nous allons tous lui donner un sou, alors il ne pleurera plus. Aussitôt chaque enfant atteint son petit sou, excepté Jacques, qui n'avait plus rien.

Combien, alors, il eut honte de sa gourmandise! car il avait bon cœur; et combien il fut malheureux de ne pouvoir rien donner au petit musicien!

A partir de ce jour, il résolut de suivre les conseils de sa mère qui lui disait : « achète des gâteaux quelquefois, mais garde toujours quelque chose pour partager avec ceux qui n'ont rien. »

***

La colère.

Quel tapage on entend dans la chambre! — C'est le petit Armand qui est en colère. Il a brisé tous ses jouets, il a renversé une chaise. Il pleure, il crie, il rage…. Il frappe de ses petits pieds, et ferme ses poings. Il a les yeux rouges, et toute la figure aussi; ses cheveux tombent en désordre, tous ses traits font une affreuse grimace.

Sa mère vient le prendre doucement; elle le conduit devant une glace. Armand se voit, il se trouve laid, laid à faire peur. Il a honte; il se détourne, et va se cacher dans un coin pour que personne ne le voie.

Espérons que le repentir le corrigera, et qu'il ne se mettra plus jamais en colère.

La vieille Ursule.

Il était une fois une pauvre vieille femme infirme, qui avait beaucoup de peine à marcher.

Elle était pauvre, bien pauvre; et quand il faisait froid, elle n'avait pas de bois pour se chauffer.

Alors elle prenait son bâton, et allait dans la campagne ramasser les petites branches de bois mort tombées sous les arbres.

Cela la fatiguait beaucoup; mais elle se trouvait encore bien heureuse qu'on lui eût permis de prendre ces brindilles.

Un jour le petit Paul, et sa sœur Henriette, étaient à courir dans le taillis; ils voient la pauvre vieille qui s'efforçait péniblement de charger son fagot sur ses épaules.

C'étaient de bons enfants; ils quittèrent le jeu, coururent vers la pauvre femme, et lui dirent : « Ursule, laissez-nous porter votre fagot de bois; nous sommes forts tous les deux, vous allez voir. »

Et prenant le fardeau, ils le portèrent jusque chez Ursule qui les suivait, heureuse d'avoir trouvé de l'aide, et surtout d'avoir appris la bonté de ces petits enfants :

« Dieu vous bénisse, chers petits, leur dit-elle, vous qui savez respecter les vieillards, et alléger leur peine. »

Le travail et le plaisir.

« Ça m'ennuie de travailler, disait Louis; si c'était donc tous les jours jeudi ! on jouerait au lieu d'aller en classe, ce serait bien plus amusant. »

Ce n'était pas la première fois que Louis parlait ainsi, et le maître lui avait toujours répondu : « On ne s'amuse bien qu'après avoir bien travaillé. » Mais il ne voulait pas croire son maître, et il pensait en lui-même :

C'est pour me faire travailler qu'on me dit cela.

« Vous ne voulez pas me croire, mon cher enfant, lui dit un matin le maître; eh bien, vous allez en faire l'épreuve par vous même. Vous n'entrerez pas en classe aujourd'hui, et vous vous amuserez toute la journée. »

En entendant ces paroles, Louis fut enchanté.

C'était l'heure de l'arrivée des écoliers. Louis se mit à leur raconter son bonheur, et commença à jouer avec eux; mais l'heure de la classe sonna, ses compagnons entrèrent, et il resta seul dans la cour.

Que faire alors? Il continue de courir un instant, mais bientôt il se lasse. Il veut jouer aux billes : mais jouer tout seul n'est pas amusant. Il trace une marelle sur la terre, prend un petit pavé, et le voilà sautant à cloche-pied; mais dès la seconde figure il s'ennuie de ce jeu. Enfin il prend un charbon et se met à dessiner sur le mur; il dessine une chambre, et dans cette chambre une longue table, et devant cette table une file de petits garçons; c'était la salle de classe.

Il réfléchit alors que le dessin, qui le charmait plus que les autres jeux, est un travail, et qu'ainsi le travail intéresse plus longtemps que le jeu.

Combien il aurait voulu entrer dans la classe pour travailler! mais il ne l'osa pas; et il alla s'asseoir tristement sur un banc, en attendant la sortie de ses camarades; se promettant d'entrer avec eux l'après-midi.

Après la classe, les enfants revinrent dans la cour; ils avaient bien travaillé, alors ils étaient joyeux, sautaient et riaient de tout cœur.

Louis voulut se remettre à jouer avec eux; mais comme il avait perdu son temps, il était grognon et de mauvaise humeur. « Tous les jeux sont déplaisants, disait-il; ça m'ennuie de jouer. — Mais si, mais si, disaient les autres, c'est très agréable de jouer, nous y avons beaucoup de plaisir. »

L'après midi Louis demanda au maître la permission de rentrer en classe, et il se trouva plus heureux de reprendre son devoir, qu'il ne l'avait été le matin d'en être dispensé.

Le jeu repose du travail, mais c'est le travail qui donne du prix au jeu.

———

André et son chien.

Un jour le petit André se promenait avec ses parents. Il rencontra sur son chemin des enfants grossiers qui traînaient un pauvre petit chien pour aller le noyer à la rivière.

Ils lui avaient attaché une corde au cou, et les petits cruels le tiraient, le frappaient, lui jetaient des pierres.

Il faut être bien brutal, n'est-ce pas, mes chers amis, pour tourmenter ainsi les animaux. Je suis sûr que vous auriez été indignés comme le fut André.

Il demanda à ses parents d'acheter le petit chien ; ses bons parents y consentirent, et tout joyeux, il emporta l'animal.

Quelque temps après, le chien avait grandi ; il était devenu fort sans cesser d'être caressant ; il jouait avec son petit maître, et gambadait autour de lui.

Un jour André était à la campagne, au bord d'un étang sur lequel il y avait beaucoup de petites fleurs blanches qui ressemblaient à des marguerites. Il voulut regarder de près ces fleurs qu'il ne connaissait pas ; mais la terre était glissante, et le pauvre enfant tomba dans un endroit profond.

Par bonheur son chien était là : il

se jette à l'eau, saisit l'enfant par sa veste sans lui faire de mal, et le ramène sur le bord.

Un bienfait n'est jamais perdu, surtout quand nous lui devons un ami.

***

Semer et récolter.

Un jour le petit Julien, qui commençait à grandir, demanda à son père de le conduire avec lui quand il irait travailler aux champs.

Le père y consentit. Il prit l'enfant par la main, et tous deux partirent.

Quand ils furent arrivés aux champs, Julien vit son père prendre du blé dans un sac, et le répandre

sur la terre qui venait d'être labourée. Il s'étonna et dit :

— Mon père, que faites-vous
donc? vous allez perdre notre blé;
et ma mère qui nous défend d'y toucher seulement, parce qu'elle dit
qu'il faut travailler beaucoup pour
en avoir. Si elle savait que vous le
jetez, cela lui ferait de la peine; je
ne le lui dirai pas.

— Il faut tout dire à sa mère,
mon fils, répondit le père en sou-
riant. Et il semait toujours; et Julien
s'étonnait de plus en plus!

Le froid vint, et le petit garçon ne
retourna pas aux champs. Quelques
mois après, il y alla, et vit que la
terre était couverte d'une belle herbe
verte, aux endroits où son père avait
jeté le blé. Il s'étonna de nouveau.

Un autre jour il revint avec ses parents; c'était le temps de la moisson, le champ était couvert de blé en épis, et sa mère lui dit :

— Vois-tu, mon enfant, nous avons semé le blé, il a germé dans la terre, puis il a grandi comme de l'herbe, et maintenant que chaque brin porte un bel épi jaune, nous allons récolter.

Julien comprit ce qu'avait fait son père en jetant du grain sur la terre labourée, et il se promit bien de ne plus lui donner de conseils; mais il apprit de lui qu'il faut semer pour recueillir.

L'enfant perdu dans la forêt.

Il y avait une fois un petit garçon qui demeurait avec son père, sa mère, et ses grands frères, loin de la ville.

Il n'était pas méchant ; cependant un jour il lui arriva de commettre je ne sais plus quelle faute. Sa mère le gronda, son père le regarda sévèrement, et ses grands frères s'éloignèrent de lui.

Il se crut délaissé de toute sa famille, se mit à pleurer, puis il se dit : « Puisque personne ne m'aime plus, je m'en irai ; j'irai dans quelque autre maison où on ne me grondera pas. » Et il pleurait encore plus fort.

Quand son père fut retourné à son travail, et sa mère au ménage, il regarda si ses frères ne pouvaient pas le voir, et il s'échappa en courant de la demeure paternelle.

Ne sachant où aller, il prit la route du côté où il voyait de grands arbres, se disant : « Je me mettrai à l'abri sous leur ombre, et je mangerai les beaux fruits qu'il doit y avoir sur leurs branches. »

Mais quand il fut arrivé, il vit qu'il n'y avait pas de fruits dans les grands arbres. Alors il prit un petit sentier sous le taillis, de peur d'être rencontré par ses frères.

Mais comme il se sentait coupable et qu'il craignait d'être encore grondé, aucun endroit ne lui semblait être assez loin ni assez sombre. Il marchait toujours, sans songer que le soir venait.

Quand il s'en aperçut, il eut

peur. Il regarda s'il y avait des maisons dans le voisinage, mais il n'y avait pas de maisons. Il n'y avait autour de lui que de grands arbres qui commençaient à devenir noirs. Et il se mit à trembler de crainte et de froid.

Il pensa alors à son père et à sa mère; il pensa que ses frères étaient sans doute à sa recherche. Il voulut s'en retourner, mais il ne connaissait pas la route, et il s'égara de plus en plus dans la forêt.

Et il faisait de plus en plus noir; la nuit était tout à fait venue. Le pauvre petit marchait avec peine dans l'obscurité. Il appelait en pleurant son père et sa mère : il appelait ses frères par leurs noms. Puis il s'arrêtait pour écouter s'ils lui répondaient. Mais il n'entendait que le bruit du vent dans les feuilles des arbres, et les hurlements des loups au fond de la forêt. Alors il s'enfuyait vite, vite! et s'égarait toujours davantage.

Il arriva près d'un étang, entouré de ronces pendantes et de roseaux : au bord de l'étang il y avait une maisonnette où brillait une lumière.

Le pauvre enfant frappa tout doucement à la porte. On lui ouvrit. Il reconnut un vieillard qu'il avait vu plusieurs fois chez son père, et qui était bûcheron.

Le brave homme, touché de compassion, alluma une lanterne, prit par la main le petit enfant encore tout tremblant, et partit pour le reconduire chez son père.

Chemin faisant il lui disait :
« Cher petit, si vous ne m'aviez pas
trouvé ici pour vous reconduire,
vous auriez beaucoup souffert, toute
la nuit, de la faim et du froid.

Mais votre père et votre mère
auraient encore souffert beaucoup
plus que vous, parce qu'un père et
une mère aiment toujours leurs enfants, même quand ils sont obligés
de les gronder et de les punir. »

La jalousie.

Émile est jaloux : c'est bien malheureux pour lui. Quand il voit
un jouet à l'un de ses amis, il lui
faut ce jouet, ou bien il gronde,

il boude, et se met en colère. Il ne peut rien laisser dans la main des autres. Il est jaloux du cerceau de Paul, de la toupie de Léon. Il pleure parce que Lucien a été récompensé en classe. Il en veut à Gaston, qui a passé le jeudi à la campagne, et qui a rapporté de belles figues. Il déteste Victor, parce que Victor a donné son ballon à Félix; et il en veut à Félix, parce qu'il a accepté le ballon de Victor. Il faut qu'on lui donne tout, et encore il n'est pas content.

Il n'aime personne, aussi personne ne l'aime: sa mère en a beaucoup de chagrin. Si Émile ne se corrige pas de ce vilain défaut, cette pauvre mère sera malheureuse toute sa vie.

Les dénicheurs d'oiseaux.

Quand nous étions petits, mes frères et moi, nous aimions beaucoup à dénicher les oiseaux.

Moi qui n'étais pas capable de grimper aux arbres, je cherchais à découvrir d'en bas les nids cachés dans les branches, et j'appelais mes frères pour les prendre.

Un jour nous avions trouvé un nid de mésanges; curieux de savoir ce qu'il contenait, nous attendîmes le départ du père et de la mère, et en leur absence nous volâmes le nid.

Il y avait dedans deux petits oiseaux sans plumes, qui ouvrirent le bec en nous regardant.

« Quel bonheur, dis-je ; nous allons les élever soigneusement ; nous leur donnerons la becquée !

— Nous leur achèterons une jolie cage, » dit un de mes frères.

Et l'autre reprit : « Quand ils seront grands nous mettrons la cage au soleil, sur la fenêtre : ils chanteront ! »

Mais à peine étions-nous en possession du nid, qu'une des mésanges revint à tire-d'aile, portant dans son bec de la pâture pour ses petits.

Elle arrive sur la branche, et ne trouve plus rien.... Elle cherche, elle voltige çà et là, comme pour s'assurer qu'elle ne se trompe pas d'endroit ; puis elle jette un cri qui nous parut déchirant. L'autre mésange, le père sans doute, répond de loin à ce cri, et il arrive en hâte... Et voilà ces deux pauvres petits oiseaux, tournoyant autour de l'endroit où leur nid n'était plus, et poussant de petits cris douloureux.

« Ils pleurent, dis-je alors à mes frères; ils ont l'air d'avoir beaucoup de chagrin. »

— Il paraît qu'ils aiment beaucoup leurs petits? » dit un de mes frères; je n'y avais jamais pensé.

—Je vais les leur rendre, » ajouta l'autre; et il se disposa à remettre le nid à sa place.

Mais les mésanges ne pouvant comprendre sa bonne intention, s'effrayèrent à notre approche, et s'enfuirent rapidement.

Nous rentrâmes à la maison, assez

embarrassés de notre capture, qui nous causait des remords, mais bien décidés à élever ces petits oiseaux.

« Hélas ! dit ma mère en nous apercevant, vos jeux, enfants, sont quelquefois cruels ! »

Nous ne comprîmes la pensée de notre mère que le lendemain : malgré les soins que nous avions donnés aux petits oiseaux, nous les trouvâmes tous deux la tête pendante en dehors du nid. Nos soins n'avaient pu remplacer ceux de leur tendre mère.

Nous nous promîmes de ne plus toucher aux nids.

Et nous avons tenu parole !

Fleurs et papillons.

Il était un petit garçon qui allait un jour, avec sa mère, se promener dans la campagne.

C'était pendant l'été ; il y avait de beaux champs de blé presque mûr, et du foin qu'on allait bientôt couper.

Dans le blé il y avait de jolies fleurs, et dans le foin de petits papillons qui voltigeaient gaiement.

Le petit garçon voulait courir à travers le blé pour arracher les fleurs, mais sa mère lui dit : « Il ne faut pas fouler le blé, parce qu'il doit servir à faire du pain ; et pourquoi veux-tu arracher ces fleurs ? Vivantes sur leur pied, elles sont fraiches et jolies ; dans tes mains elles vont se faner et mourir. »

Le petit garçon laissa les fleurs.

Bientôt il vit un papillon, et il se mit à courir pour s'en emparer; mais quand il l'eut saisi avec sa main, il vit que l'insecte ne pouvait plus voler ; il l'apporta à sa mère pour savoir ce qu'il avait.

« Vois, mon enfant, dit la mère, en le touchant tu as déchiré ses ailes, et la pauvre petite bête ne volera plus jamais. »

Le petit garçon devint tout triste; triste surtout de ne pouvoir rendre les ailes au papillon !

Les champs, les prairies, la terre entière, sont les jardins de Dieu : nous pouvons user de ce qu'il y a mis, quand cela nous est utile;

mais nous ne devons pas détruire,
par pur amusement, les belles choses qu'il a faites.

La première prière du petit enfant.

Autrefois, mes enfants, j'étais petit comme vous, et j'avais, comme
vous, une bonne mère.

Nous demeurions à la campagne,
j'allais jouer dans les champs, et
quand j'avais bien couru, je venais
m'asseoir près de ma mère, je repo-
sais ma tête sur ses genoux et je
disais : « Comme on est bien ici !
Que la campagne est jolie ! »

Et ma mère me disait : « C'est
Dieu, mon enfant, qui a fait les

champs que tu trouves si beaux, et le soleil qui brille pendant le jour, et la lune et les étoiles que tu verras ce soir. C'est lui aussi qui a voulu que les petits enfants eussent de bonnes mères.

— Ah! que Dieu est bon, dis-je un jour, je voudrais bien lui dire merci. Comment faire pour qu'il m'entende, maman?

— Sois bon pour tout le monde, me répondit ma mère, travaille selon la volonté de Dieu, obéis à ses commandements; tu lui prouveras que tu l'aimes. Parle-lui tout bas, pense à ses bienfaits dans le fond de ton cœur, et tu l'auras remercié. »

PREMIÈRES NOTIONS
DE GRAMMAIRE.

I. Les mots.

Maintenant que vous savez lire, mes enfants, vous seriez peut-être contents d'apprendre comment on forme les *mots*, au moyen desquels on exprime tant de choses?

Vous savez déjà que les mots sont composés de *sons* et d'*articulations*, et qu'on représente les mots parlés par des lettres.

Ces lettres, on ne les prend pas au hasard : il y a des règles qui décident celles qu'il faut choisir.

Mais, comme on ne dit pas beaucoup de choses avec un mot tout seul, on est obligé d'en rapprocher plusieurs, et de les grouper pour former des *phrases*, qui expriment des idées.

Il y a encore des règles qui décident comment on doit composer les phrases.

L'ensemble de toutes ces règles forme ce qu'on appelle la GRAMMAIRE.

II. La langue maternelle.

Tous les mots que vous connaissez, et bien d'autres que vous ne connaissez pas encore, forment ce qu'on appelle la *langue française*.

Quand vous parlez, vous parlez français. Mais tout le monde ne parle pas comme vous et moi. Les Anglais parlent *anglais*, les Allemands parlent *allemand*, les Italiens et les Espagnols parlent *italien* ou *espagnol* : si vous les entendiez parler vous ne les comprendriez pas. Mais eux se comprennent, parce qu'ils parlent leur langue maternelle, c'est-à-dire la langue de leur pays. Chaque manière de parler et de se comprendre s'appelle une *langue*.

La langue française est notre

langue maternelle, celle que notre mère nous a appris à parler.

III. Le nom.

Tous les mots de notre langue expriment des choses différentes. Il y en a qui servent à *nommer* les choses ou les personnes, on appelle ces mots là, des *noms*.

Tous les objets ont des *noms*, sans cela on ne pourrait pas les nommer. S'il n'y avait pas de noms je ne pourrais pas vous demander un livre, une chaise, et vous ne sauriez pas ce que je désire. Je ne pourrais vous indiquer les choses que je veux qu'en vous les montrant du doigt, et cela n'est pas toujours possible. Quand je désigne ce que j'aperçois dans la cour, je dis, sans avoir besoin de les toucher : le *mur*, l'*arbre*, l'*oiseau*, le *chien;* tous ces mots sont des *noms*, puisqu'ils me servent à nommer les êtres ou les choses. *Enfant, père, mère, jardin, poisson, plume, fleur,* sont aussi des noms.

EXERCICE.

Indiquez les noms.

Le chat a sauté sur la table; il a cassé un verre et une assiette.

Le rossignol chante dans les bois.

Toutes les chaises de la classe ont été emportées au jardin.

Le jardinier et la servante causent ensemble dans la cour [1].

1. L'instituteur fera désigner par l'enfant les *noms* ou *substantifs* que renferment ces phrases Il devra continuer cet exercice.

IV. Le nom commun et le nom propre.

Il y a des noms qui servent pour désigner tous les objets semblables : le mot *livre*, par exemple, sert pour désigner tous les livres; le mot *maison* sert pour toutes les maisons. Le mot *garçon*, sert pour désigner tous les garçons, le mot *fille* convient à toutes les filles. Si je demande un *garçon*, un d'entre eux peut venir, n'importe lequel : ce nom est *commun* à tous. Mais si je demande *André*, celui-là seul qui s'appelle ainsi doit venir, non pas un autre : ce nom est *propre* à un seul. Les noms *communs* sont donc ceux qui conviennent à plusieurs personnes ou plusieurs choses; et les noms *propres* sont ceux qui ne désignent qu'une seule personne ou une seule chose.

EXERCICE.

Désignez les noms communs et les noms propres.

Armand et Gustave ont apporté une corbeille de fruits à Lucile.

Le maître a donné une belle image à Ferdinand.

Le vieux grand-père sait de jolis contes.

Paris est la capitale de la France.

A Lyon on tisse des étoffes de soie [1].

1. L'instituteur fera désigner des noms propres de personnes et de villes, et il fera remarquer qu'en les écrivant, on doit toujours les commencer par une lettre majuscule. Il fera aussi reconnaître pour noms propres les noms des enfants de sa classe.

V. L'article.

Le nom d'une chose ne se dit presque jamais tout seul. On ne dit pas : « vent souffle — pluie tombe; » vous voyez bien qu'il manque quelque chose à ces phrases. On dit *le* vent souffle, *la* pluie tombe.

On ne dit pas non plus : « arbres sont en fleur, on dit « *les* arbres sont en fleur. »

Ainsi, avec un nom commun, on dit presque toujours *le*, ou *la*, ou *les* : ce petit mot qu'on met avant les noms communs s'appelle l'*article*. L'article sert à bien des choses, mais aujourd'hui je ne vous indiquerai qu'une de ses fonctions.

Écoutez :

Quand on dit « *la* maison blanche, » de combien de maisons parle-t-on ? d'une seule maison. Et quand on dit « *les* maisons blanches, » de combien de maisons parle-t-on ? de plusieurs, de deux, de trois, de quatre, de cent maisons, peu importe le nombre; mais c'est toujours de plus d'une ; car s'il n'y en avait qu'une seule, on dirait, comme vous le savez : « *la* maison. »

Quand je dis : « le banc est renversé, » combien y a-t-il de bancs renversés ? Il n'y en a qu'un. — Et si je dis de vous : « Les bons petits enfants bien sages, » cela veut-il dire qu'il n'y a qu'un enfant bon et sage? Non, cela veut dire qu'il y en a plusieurs. Vous voyez que le mot qui s'appelle : *article* sert à faire connaître si on parle de plusieurs choses, ou d'une seule ; de plusieurs personnes, ou d'une seule personne[1].

EXERCICE.

Indiquez les articles.

Le loup, la chèvre, la maison, le hameau, la ville, le village.

Le cerf vit dans les forêts.

Les vendangeurs cueillent le raisin.

Le son de la cloche s'entend dans le lointain[2].

VI. Le singulier et le pluriel.

Quand on ne parle que d'une

1. Nous nous bornons à indiquer ici l'emploi de l'article pour désigner le nombre. Ses autres fonctions seront enseignées plus tard.

2. Multipliez les exemples, et faites-en trouver par les enfants eux-mêmes.

seule personne ou d'une seule chose, on emploie les noms au *singulier*, (mot qui veut dire *un seul*). Quand on parle de plusieurs personnes ou de plusieurs choses, on emploie les noms au *pluriel*, mot qui veut dire *plusieurs*. Nous savons déjà qu'on dit *le* ou *la* pour désigner une chose seule, ou au singulier ; et qu'on dit *les* quand on désigne plusieurs choses, ou des choses au pluriel. *Le chien*, c'est le singulier ; *les chiens*, les deux chiens, c'est le pluriel. La porte, c'est le singulier. Les pierres, c'est le pluriel. Si je dis : « *une* porte de bois, » il n'est pas bien difficile de voir que je parle au singulier ; puisque je dis *une*, c'est qu'il n'y en a *qu'une*. Et si je dis : « un bâton, » vous saurez bien tout de suite que je parle au singulier. Mais si je dis : « Donnez-moi des poires, » je parle au pluriel, parce que c'est plusieurs poires que je demande.

EXERCICE.

Faites désigner le nombre dans les noms suivants.

La chaise. Les chaises.

Le bâton. La voiture.

Les jolies fleurs. La petite poule blanche.

Les fruits seront bientôt mûrs.

La porte de bois.

Julie a des images.

Un poisson rouge nage dans le bassin.

Les enfants jouent dans un grand jardin.

VII. Le masculin et le féminin.

Mes enfants, je vais vous rappeler quelque chose que vous savez déjà bien certainement. Vous savez, par exemple, qu'on dit *le* petit garçon.... en parlant de vous ou de votre frère. Mais quand il s'agit de votre sœur, ou de la sœur de votre camarade, dit-on aussi *le* petite fille? Non, et vous ririez si vous entendiez parler de cette manière. Puis on ne dit pas *le* porte, *le* classe, *la* maître. Vous savez bien qu'on dit : *la* porte, *la* classe, *le* maître. On ne dit pas non plus *la* jardinier, *la* couvreur, *la* marteau ; vous savez comment on doit dire, et je n'ai pas besoin de vous l'apprendre. Mais ce que vous ne savez peut-être pas encore, c'est que les noms devant lesquels on dit *le*, sont du *masculin;* et ceux devant lesquels on dit *la*, sont du *féminin; Masculin* et *féminin*, retenez bien ces deux mots. Ils désignent ce qu'on appelle *le genre*.

A présent vous saurez que *cheval, pain*, sont des mots masculins, puisqu'on dit : *le* cheval, *le* pain ; et que *robe, fenêtre*, sont du *féminin*, puisqu'on dit : *la* robe, *la* fenêtre. Je veux encore vous dire que lorsqu'on parle d'un homme ou d'un petit garçon, il faut toujours parler au masculin ; et que lorsqu'on parle d'une femme, ou d'une petite fille, il faut toujours parler au féminin. Ainsi *mère* est du féminin, puisque votre mère est une femme ; et *frère* est du masculin, puisque votre frère est un petit garçon. Enfin, mes chers garçons, tous vos noms sont masculins; et vous, mes chères filles, tous les vôtres sont féminins.

EXERCICE.

Indiquez le genre des mots suivants.

La mère. Le père. Le fils. La maison. La table. Le foyer.

La lumière brille. Les maçons bâtissent la maison. Les bûcherons abattent les chênes. Le berger et le chien gardent les moutons. Les brebis et les agneaux paissent dans les prés.

———

VIII. L'adjectif.

Maintenant si je dis : *joli, grand, sage,* est-ce encore des *noms* que j'emploie? Est-ce qu'il y a des personnes qui s'appellent ainsi? Non;

ces mots désignent des *qualités* et non des personnes ou des choses. Vous savez bien que c'est une qualité que d'être joli, d'être grand, d'être sage. Puis si je dis : *méchant*, ou *paresseux*, est-ce encore une qualité que j'exprime? Oui, mais c'est une mauvaise qualité celle-là, une très mauvaise. Eh bien, les mots qui expriment les qualités bonnes ou mauvaises de quelqu'un ou de quelque chose, ces mots-là s'appellent des *adjectifs*. Ainsi : bon, complaisant, laborieux; et aussi : gourmand, boudeur, étourdi, sont des *adjectifs*.

Formons une petite phrase où il y ait un adjectif : La fleur est belle. Quel est le mot qui *exprime* la qualité dans cette phrase? C'est le mot *belle*; donc le mot *belle* est un adjectif. Le mot fleur n'est pas un adjectif, c'est un nom, puisqu'il désigne la chose elle-même, et non sa qualité.

EXERCICE.

Désignez les adjectifs. [1]

Le chien est fidèle.

Ma tante a un grand jardin.

Marie est obéissante.

Les petits garçons quelquefois sont bavards, et les petites filles quelquefois capricieuses

---

IX. Le verbe.

Voyons, mes chers enfants, pen-

1. L'instituteur fera désigner les adjectifs et les noms propres ou communs dans ces phrases. Il devra multiplier à son gré les exemples en prenant dans la méthode de lecture des phrases simples, que les enfants connaissent déjà, et en faisant le même exercice sur des phrases proposées par les enfants.

dant la récréation que faites-vous? Vous courez, et vous vous amusez. *Courir*, ce mot désigne-t-il une personne ou une chose? Non; le mot *courir* n'est donc pas un *nom*. Désigne-t-il une qualité bonne ou mauvaise? Non; ce n'est donc pas un adjectif non plus. Courir c'est *faire quelque chose*, c'est faire une course. Quand on *court*, quand on *parle*, quand on *lit*, on fait une action. Eh bien, le mot qui exprime une action faite ou à faire, s'appelle un *verbe*. Le mot *courir* est donc un verbe; *parler*, *lire*, sont aussi des *verbes*.

Le mot *chanter* est-il un verbe? Oui, puisque chanter c'est faire quelque chose. Si je dis *dormir*, ce mot est-il encore un verbe? Réfléchissez; on dit : que fait-on la nuit? on dort.

C'est donc faire quelque chose que dormir? Alors le mot *dormir* est un verbe, puisqu'il exprime une action.

L'enfant pleure. — Que fait-il l'enfant? Il pleure, il fait l'action de pleurer. Le mot *pleure* est un verbe.

Paul bat son habit. — Battre c'est encore faire une action ; le mot *battre* est donc un verbe.

Le maître se promène. — Se promener, c'est faire quelque chose ; le mot (se) *promène* est un verbe.

Le petit garçon tombe. — Que fait-il le petit garçon? Il tombe. *tomber* est un verbe.

La maison tombe. — Fait-elle quelque chose la maison? Mais oui, elle tombe. Que ce soit une personne ou une chose qui tombe, le mot *tomber* est un verbe.

Il faut encore vous apprendre que lorsqu'on dit : *être, être quelque chose,* comme *être* bon, *être* sage, *être* grand, ce mot *être* est aussi un verbe.

EXERCICE.

Désignez les verbes.

Le cheval galope.
L'ouvrier travaille.
La roue tourne.
La cloche sonne.
Le ciel est beau.
Lise écrit à sa mère.
Le vent souffle et le tonnerre gronde [1].

X. Récapitulation.

Résumons maintenant, mes chers enfants, ce que vous avez appris.

---

[1]. L'instituteur devra multiplier les exemples, c'est la seule manière de préciser la notion que l'enfant peut avoir du verbe.

Les phrases expriment nos idées, et sont formées avec des mots.

Les mots parlés sont formés de *sons*, et d'*articulations* produites avec la langue et les lèvres.

Les mots écrits représentent les sons et les articulations des mots parlés; ils sont composés de lettres.

La grammaire est la réunion de toutes les règles qui enseignent à bien parler, et à bien écrire.

Vous connaissez maintenant plusieurs espèces de mots, et l'usage qu'on en fait.

Les espèces de mots que vous avez appris à reconnaître sont :

1° Le *nom*, qui sert à désigner les personnes et les choses. Le nom *commun*, qui convient à plusieurs personnes ou à plusieurs choses, et le nom *propre*, qui ne convient qu'à une seule personne ou à une seule chose. Le nom mis au *singulier* quand on ne parle que d'une seule personne ou d'une seule chose, et le nom mis au *pluriel* quand on parle de plusieurs personnes ou de plusieurs choses.

2° L'*article*, qui sert à indiquer si le nom est au singulier ou au pluriel, et encore si ce nom est du genre *masculin* ou du genre *féminin*.

3° L'*adjectif*, qui sert à désigner la qualité bonne ou mauvaise d'une personne ou d'une chose.

4° Le *verbe*, qui exprime une action faite ou à faire.

Tous ces mots et ces règles, que vous savez maintenant, sont le commencement de la Grammaire.

EXERCICE.

A quoi servent les phrases?

De quoi les *phrases* sont-elles formées?

De quoi se composent les mots *parlés?*

Que représentent les mots *écrits?*

Avec quoi forme-t-on les mots écrits?

Y a-t-il plusieurs espèces de mots?

A quoi sert le nom?

Comment appelle-t-on les noms qui peuvent servir pour plusieurs personnes ou pour plusieurs choses? Comment appelle-t-on le nom qui ne sert à désigner qu'une seule personne ou une seule chose?

Quand dit-on que le nom est au singulier? — au pluriel?

A quoi sert le petit mot qu'on appelle l'article?

Quel est l'article employé pour le singulier? — pour le pluriel? Quel est l'article employé pour les noms masculins? — féminins?

Qu'exprime-t-on avec les adjectifs?

Comment nomme-t-on les mots qui expriment des actions?

Comment nomme-t-on l'ensemble des règles qui enseignent à bien parler et à bien écrire?

FIN.

TABLE DES MATIÈRES.

COURS D'ÉDUCATION ET D'INSTRUCTION
PAR Mme PAPE-CARPANTIER
A L'USAGE DES ÉCOLES ET DES FAMILLES

Les volumes de ce Cours sont imprimés dans le format grand in-18, contiennent des vignettes intercalées dans le texte et se vendent cartonnés.

CE COURS COMPREND DEUX ANNÉES PRÉPARATOIRES
UNE PÉRIODE ÉLÉMENTAIRE ET UNE PÉRIODE MOYENNE

1re ANNÉE PRÉPARATOIRE
(de 5 à 7 ans)

Manuel des maîtres, comprenant : l'exposé des principes de la pédagogie naturelle et le guide de la première année. . . 2 fr. 50

Enseignement de la lecture, à l'aide du procédé phonomimique de M. Grosselin. . . 50 c.
   Tableaux (30) reproduisant la méthode. . . 3 fr.

Petites lectures morales; premières notions de grammaire. . . 50 c.

Premières notions d'arithmétique, de géométrie et du système métrique. 50 c.

Premières notions de géographie et d'histoire naturelle. . . 75 c.

2e ANNÉE PRÉPARATOIRE
(de 7 à 8 ans)

Manuel des maîtres, comprenant : l'application des principes pédagogiques et le guide pratique de la deuxième année. . . 2 fr. 50

Lectures morales et instructives; grammaire. 1 vol. . . 1 fr.

Arithmétique; géométrie; système métrique. . . 1 fr.

Géographie; premières notions sur quelques phénomènes naturels. 75 c.

Histoire naturelle; leçons préparatoires à l'étude de l'hygiène. . . 1 fr.

PÉRIODE ÉLÉMENTAIRE
(de 8 à 10 ans)

Manuel des maîtres, guide pratique de la période élémentaire. . . 2 fr. 50

Grammaire, accompagnée d'exercices; lectures et dictées. . . 1 fr. 50

Arithmétique; géométrie; système métrique. 1 fr. 50

Premiers éléments de cosmographie; géographie. 1 vol. . . 1 fr. 50

Histoire naturelle. . . 1 fr. 50

Premières notions d'hygiène, de physique et de chimie. . . 1 fr.

PÉRIODE MOYENNE
(de 10 à 12 ans)

Grammaire, accompagnée de dictées-exercices. . . 1 fr. 50

Éléments de cosmographie; géographie de l'Europe. . . 2 fr. 50

Hygiène; physique et chimie. . . 2 fr.

Arithmétique; système métrique; géométrie; dessin. . . 2 fr.

24831. — Imprimerie Lahure, rue de Fleurus, 9, à Paris.

www.ingramcontent.com/pod-product-compliance
Lightning Source LLC
LaVergne TN
LVHW010403060726
842526LV00005B/1478